This Notebook Belongs To

____

www.ingramcontent.com/pod-product-compliance
Lightning Source LLC
LaVergne TN
LVHW060209080526
838202LV00052B/4219
* 9 7 8 5 8 0 8 4 4 0 7 2 2 *